书香家庭亲子书架

上册

吉林省全民阅读活动民生读本编撰委员会●主编

全国百佳图书出版单位 吉林出版集团股份有限公司

图书在版编目（CIP）数据

书香家庭亲子书架. 上册 / 吉林省全民阅读活动民生读本编撰委员会主编. -- 长春 : 吉林出版集团股份有限公司，2016.9（2022.1重印）

ISBN 978-7-5581-1675-9

Ⅰ. ①书… Ⅱ. ①吉… Ⅲ. ①童话－法国－现代②漫画－作品集－德国－现代 Ⅳ. ①I18

中国版本图书馆CIP数据核字(2016)第228854号

书香家庭亲子书架　上册

主　　编：吉林省全民阅读活动民生读本编撰委员会
责任编辑：崔　岩　朱　玲
技术编辑：王会莲
封面设计：米　多
开　　本：660mm×960mm 1/16
字　　数：200千字
印　　张：13
版　　次：2016年6月第1版
印　　次：2022年1月第3次印刷
出　　版：吉林出版集团股份有限公司
发　　行：吉林出版集团外语教育有限公司
地　　址：长春市福祉大路5788号龙腾国际大厦B座7层
　　　　　邮编：130011
电　　话：总编办：0431-81629929
　　　　　发行部：0431-81629927　0431-81629921(Fax)
网　　址：www.360hours.com
印　　刷：廊坊市博林印务有限公司
ISBN 978-7-5581-1675-9
定　　价：38.80 元

目 录

父与子

小王子

Vater und Sohn

父与子

糟糕的作文

儿子正在为自己的作文而发愁。

“宝贝别担心，我会帮你的。”

课堂上老师读了儿子的作文。

“我一定要见这篇作文的作者！”

老师见到爸爸后非常气愤。

“你的作文确实该打！”老师非常气愤地说。

妈妈做好了晚饭，却怎么都找不着儿子。

爸爸发现儿子在全神贯注地读一本书。

爸爸想知道这本书为什么会如此吸引人。

爸爸却没有回来吃晚饭。

妈妈让儿子去找爸爸。

爸爸正在读着那本有趣的书。

修车

“我们的车出了什么毛病？”

爸爸先检查了发动机。

然后，他又仔细地检查了汽车的其他零件。

当爸爸试着解决问题的时候，儿子离开了车。

父亲看着正在玩滑板车的儿子。

突然，他想到一个办法。

儿子和小伙伴儿在游戏中扭打了起来。

“爸爸，明明欺负我。”

“走，找他算账去！”

两个爸爸开始争吵。

当爸爸们开始扭打时，两个孩子已经开心地玩了起来。

百发百中

“我的枪法是世界一流的。”

“但子弹没击中靶子就落地了。”

儿子将靶子摘下，放在了子弹落下的地方。

“老爸，你是真正的神枪手！”

异常的镜子

儿子不小心把镜子打碎了。

“天呀，爸爸会惩罚我的！”

儿子突然有了主意。

他在镜框里画了一张爸爸的像。

爸爸正对着镜子打扮。

百炼成钢

“我和爸爸一起练举重。”

“我和爸爸一起练跳绳。”

“我和爸爸一起练单杠。”

“我和爸爸一起练练单臂力量。”

看，爸爸能够很轻松地举起我。

我也能单手举起爸爸。

“不拔牙！太疼了！”

“你要像爸爸一样勇敢。”

“跟我学着点儿！”

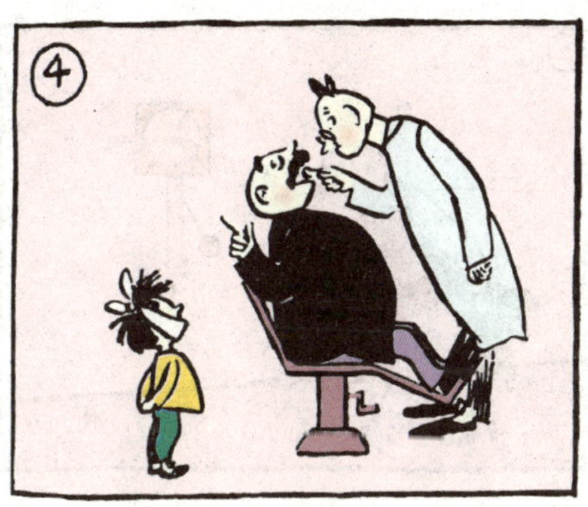

牙医检查了爸爸的牙齿。

“先生，您有一颗牙必须拔掉！”

儿子离家出走了

“已经晚上七点了，他怎么还不回来？”

快晚上九点了，爸爸非常担心儿子。

爸爸出去寻找儿子。

有些醉的爸爸领着儿子去买火车票。

“我为什么有四个儿子？”

“给我来一张成人票和四张儿童票。”

补看球赛

父子俩没有买到比赛的门票。

他们只能站在球场外。

儿子拍了好多照片。

当比赛结束后，父子俩高兴地回家了。

“让我们快把胶卷洗出来。”

爸爸非常喜欢钓鱼，但儿子觉得无聊。

儿子带着一封写好的信跳进水中。

儿子快速地向鱼钩游去。

我们今天
不想来。
致礼！
鱼儿

爸爸急忙拉起了晃动的鱼钩。

聪明的儿子

他们的狗在一棵树下小便。

“不要在这小便！”

可是狗根本不听主人的话。

狗一路上随处小便。

儿子突然想到一个好办法。

“儿子，你真聪明！”

爸爸想做一个测量儿子身高的设备。

他在树上做了一个记号。

一年之后。

“小树长得比你快啊！”

别来烦我们

“举起手来！”

“把钱拿出来！”

“我没开玩笑，照我说的做！”

最后，劫匪只能悄悄地离开。

父子俩在安全围栏上玩了起来。

“来，跟我学！”

“你能像这样吗？”

父子俩认识到了自己的错误。

儿子看到两只可爱的小猪。

这两只小猪居然可以进行精彩的表演。

经过儿子训练之后，两只小猪给爸爸献上了精彩的表演。

这些够了吧

父子俩正在河边扔石子儿。

“我扔得比你远吧！”

父子俩把石子儿全都丢完了。

他们只能回家了。

爸爸在夜里运来了一小推车的石子儿。

“太棒了！我们今天可以玩个够了！”

不认输的爸爸

父子俩正在下棋。

儿子走了一步好棋。

这步棋让爸爸没了主意。

“我该怎么办啊？”

“认输吧！你没有机会了。”

儿子的球击中了路人。

路人非常生气地教训儿子。

爸爸也过来一起教训着儿子。

父子俩高兴地回家了。

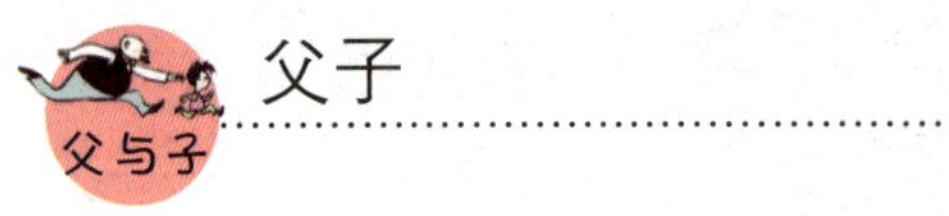

父子

父子俩看到一头大象和它的孩子。

儿子轻轻地抚摸着小象的鼻子。

他们似乎都很喜欢对方。

爸爸打算去看报纸。

“我给你们画一幅画吧。”

他先画了一条小船。

他的朋友们静静地看着他画。

“看！我爸爸的头就是落山的太阳。”

“哈哈！太阳为什么长出了胡子？”

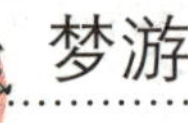

梦游

爸爸看到儿子背后挂着一个牌子。

爸爸不敢叫醒这位“梦游者”。

“这么多糖果够我吃了。”

1

2

3

4

5

6
救命！
w. o. j.

这又是你干的吧

儿子拿着食物戏耍着大象。

大象的鼻子变成了螺旋状。

“不许那样欺负大象。”

爸爸把大象的鼻子恢复了原样。

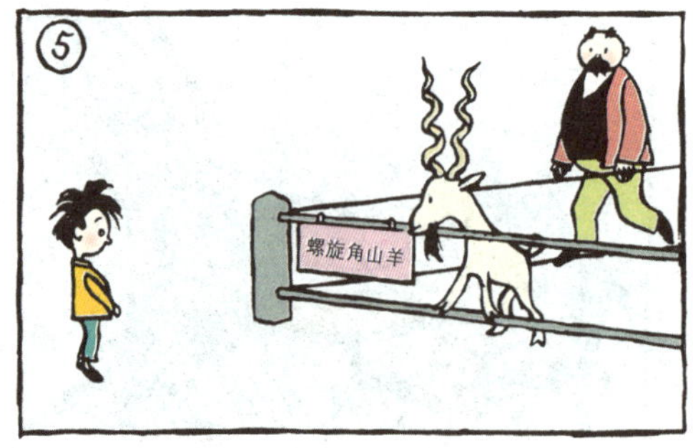

儿子又去看螺旋角山羊。

“这又是你干的吧！”

工作人员正在营救遇险的父子俩。

父子俩终于获救了。

那不是球

父子俩一起踢着足球。

儿子把球踢进了下水井。

爸爸爬下去捡球。

儿子在上面等爸爸。

儿子以为是球，于是踢了一脚。

没想到那个是爸爸的头。

儿子非常后悔踢了爸爸，于是大哭了起来。

天使的羽毛

爸爸梦到自己变成了一个天使。

在梦中，爸爸看到儿子正在拔天使身上的羽毛。

爸爸醒来后，看见儿子头上正戴着用羽毛做的帽子。

“你怎么敢欺负天使。”

真不该帮忙

1

2

3

4
父与子

5

6

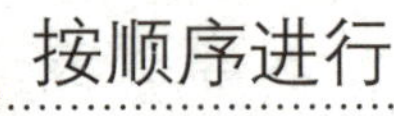

按顺序进行

成功灭火

儿子回家后看见窗户有浓烟冒出。

“房子着火了！”

儿子急忙将水从窗口泼进屋去。

爸爸愤怒地喊道：“我在抽烟，干吗用水泼我？”

父子俩的杰作

“我要好好教训他。”

愤怒的父亲却发现儿子正趴在地毯上画画儿。

“画得还不错。”

爸爸和儿子便开心地画了起来。

父子俩正在浴缸里打海战。

爸爸击中了儿子的一艘军舰。

然后，爸爸又将击中的军舰按进水中。

爸爸又击中了儿子的一艘军舰。

当爸爸又要将其按进水中时，儿子愤怒地打开了水龙头。

爸爸全身湿透了，但儿子依然余气未消地将爸爸的船全都按进水里。

最后的苹果

爸爸想把树上最后一个苹果弄下来。

“你能不能扔得准点？”

爸爸试着用手杖去够苹果，但还是没有成功。

马无论如何都不前进了。

正当爸爸一筹莫展之际，儿子取来了两辆手推车。

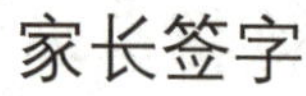

家长签字

老师让爸爸在儿子的作业本上签字。

“我该怎么办啊？”

“爸爸，我可以蒙住眼睛来签名。”

“这个我也可以。”

儿子赶紧把作业本放在爸爸面前。

爸爸签完字之后，儿子迅速地将作业本放回书包。

父子俩在圣诞节互换了礼物。

他们都很开心。

父子俩开心地唱起了圣诞歌。

“我超喜欢这辆自行车！”

爸爸也很喜欢儿子的礼物。

“居然喜欢到连睡觉都骑着车啊！”

除夕玩具

“我想把我的食物分给这些小鸟吃。”

“这才是我的好儿子。”

而一位女士却用更多的食物将小鸟吸引过去。

但她真正的目的是为了照相。

这两个人照完相之后就离开了。

真正的善良举动是会受到天使保佑的。

无声的反击

儿子和同学一起滑冰。

两个人不小心撞倒了一个人。

这个人冲两个孩子大喊大叫。

爸爸很生气地在冰面上滑着。

注：图中外语文字意思是“爱慕虚荣的人”。

儿子正在喂天鹅。

儿子喂光了食物。

天鹅仍然没有吃饱。

天鹅似乎非常生气。

爸爸无奈只能将烟斗给了天鹅。

天鹅居然抽起了烟斗。

防风帽子

风吹跑了爸爸的帽子。

爸爸捡回了帽子。

但是帽子又被风吹跑了。

“我有一个好主意！”

他们将一个锚装在了爸爸的帽子上。

又刮起了一阵大风。

“这个办法真是太好了！”

“去把手杖捡回来！”

“这只小狗真是太聪明了。”

“闻闻我的手杖吧。”

“请别走！帮帮我啊！”

“我只能靠自己了。”

上当的儿子

爸爸把蛋糕盒子的底部取下。

他在桌布上也做了同样大小的洞。

爸爸最后将蛋糕盒子放在桌子上。

“终于完成了。”

“儿子肯定会上当的。”

对复活节兔子的恶作剧

复活节兔子被这些奇怪的蛋吓跑了。

大龄儿童

爸爸正和儿子一起玩着只供儿童玩耍的跷跷板。

“不好！公园管理员来了！”

“我现在要和弟弟回家啦。”爸爸立刻装成儿童。

“你怎么敢伤害我的儿子！”

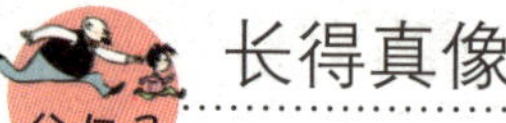

长得真像

“他们长得太像了！”

儿子把猫叫了出去。

“让我给你化个妆吧。”

“难道我们看错了吗？”

爸爸随手摘了一朵蘑菇。

“这蘑菇一定很美味。”

“爸爸，现在能吃了吗？”

“这个蘑菇是我的。”

父子俩想女人用蘑菇做什么。

“它原来是用于缝纫啊。”

“咱们还是回家吃晚饭吧。”

言传身教

儿子随手扔了香蕉皮。

父子漠然地看着后边因踩到香蕉皮而摔倒的人。

谁知爸爸竟然也踩到一个香蕉皮摔倒了。

“小声点儿！别把他吵醒。”

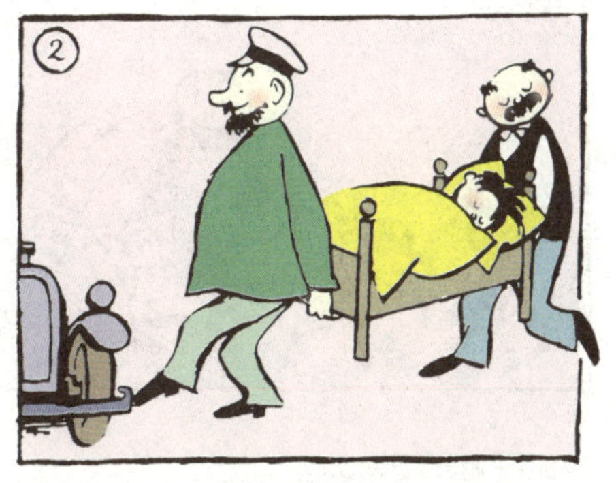

两个人轻轻地将儿子的床抬出房间。

“我还没醒过来吗？”

空手而归

“丢扣子游戏很有趣啊。”

“能借给我一颗你衣服上的扣子吗？”

第一局儿子输了。

“爸爸，你再借给我一颗扣子吧！”

“我最后的扣子还是我自己亲自来吧。”

失败的父子俩只能沮丧地回家了。

“这条鱼好可怜啊！”

“爸爸，能不能放了它。”

“我的儿子真善良。”

歌德的书

“给我几本书。”

“我不想要这本。”

“我想要那三本。”

“歌德的书很难看懂啊。”

运动员一下将铅球掷了很远。

"看我的！"

"原来是一个皮球。"

恩将仇报

“别打它！”

“像这样。”

但蜜蜂居然飞回来蛰了爸爸的头。

“这次我亲自来教训它。”

“去死吧！你自找的！”

“爸爸，我感冒了！”

“这样你可能好受点儿。”

爸爸还给儿子讲起了故事。

“好好休息吧。”

爸爸回来的时候，儿子的病已经好了。

“现在就给我上学去！”

钓鱼狂人

父子俩在河边钓鱼。

“你们必须接受惩罚！”

“爸爸，我为你买了这件礼物。”

“儿子，你没事吧？”

儿子难过地哭了起来。

“你看，这部分没有损坏。”

“我可以用它来清理烟斗。”

“儿子，谢谢你特殊的礼物。”

救人

"爸爸，水中有个人。"

爸爸立刻跳入水中去救落水者。

但那个人却激烈地反抗。

爸爸竭尽全力才将此人救起。

"天哪！他是参加游泳比赛的运动员啊！"

一个劫匪要抢劫父子俩。

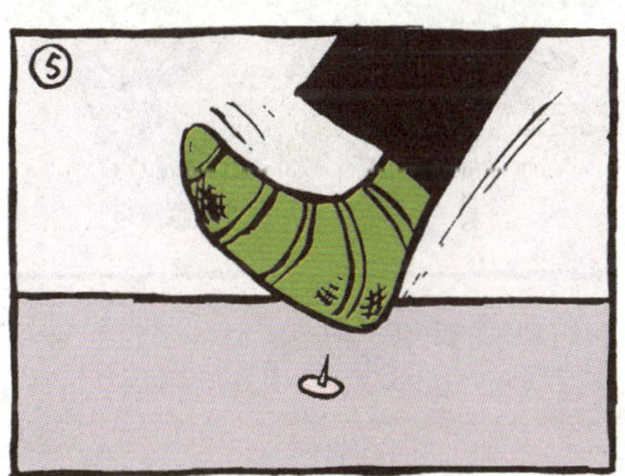

强盗不小心踩到了图钉，疼得大叫起来。

“爸爸，这枚图钉真是帮了我们大忙了。”

一本精彩的书

父子俩非常喜欢这本书。

他们烧水的时候在看书。

他们泡茶的时候也在看。

他们放洗澡水的时候依然在看。

最后，当他们洗澡的时候仍然在看。

春天来了，爸爸种了一棵树。

爸爸正打算回屋休息。

一个壮汉正在追儿子。

爸爸的力量把这个壮汉吓跑了。

观看木偶戏

“精彩的木偶戏马上要开始了。”

看到“好人”打了“坏人”，儿子很开心。

儿子立刻冲上前去帮助“好人”。

儿子干扰了演出，这让爸爸非常生气。

“让我们悄悄地拍摄这些兔子。”

他们开心地和兔子们玩耍着。

爸爸还给儿子和小兔子们留了一张合影。

这时，一个猎人将兔子们都吓跑了。

看到滑稽的父子后，猎人哈哈大笑起来。

父与子

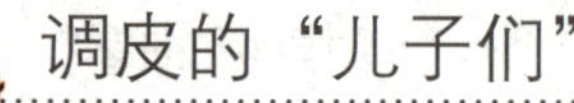
调皮的“儿子们”

祖父

曾祖父

“孩子，你好！我是圣诞老人。”

随后，又进来一个圣诞老人。

魔术大师

父子俩正准备参加一个宴会。

爸爸却想不起自己把手套放哪了。

我的手套哪去了呢?

“这小子在干什么呢？”

“这小子太机灵了！”

快乐圣诞节

儿子喜欢和小动物交朋友。

父子俩选好圣诞树后开始往家走。

没想到小动物们竟然跟着他们回了家。

他们和小动物们一起过了一个快乐的圣诞节。

“爸爸，那个男人好像在追咱们。”

“我想是！快跑！”

那个人却一直紧追不放。

父子俩不慎全都意外跌倒了。

鸭子从天而降

“今天的风好大啊。”

伞和鸭子一起被风刮进了烟囱里。

“儿子，我肯定他们会对我们的发明感兴趣。”

“我们的晨报可以为读者提供早餐。”

气球信

儿子想写一封特殊的信。

儿子通过气球来寄信。

“今天天气真好！”

“儿子，那是你的信吗？”

“让我看看这封信。”

会反击的雪人

儿子看见后非常伤心。

他们有了一个好主意。

爸爸化装成一个雪人。

“雪人”教训了那个家伙。

雪橇房子

父子俩正在做雪橇。

他们玩得很开心。

他们试着改装了这个损坏的雪橇。

“儿子，这个主意不错吧？”

父子俩难过地回家了。

儿子想玩玩具，爸爸没答应。

儿子开始哭闹。

儿子哭闹得越来越厉害。

爸爸最终还是妥协了。

“你为什么要这么做！”

滑道

“你赶紧给我过来！”

“站住！”

父子俩同时滑倒了。

“这条路好滑啊。”

“让我试一下。”

“真是条不错的滑道！”

一只狮子从马戏团的笼子里逃了出来。

这只狮子径直朝父子俩冲来。

他们竭尽全力想摆脱这只狮子。

但狮子却觉得很有趣。

大鱼

“小朋友，送给你一个礼物。”

他们每天都精心地喂养它。

这条鱼越长越大。

而且吃得越来越多。

“不知道这些喂鱼够不够。”

终于，房子已经不能容纳这条鱼了。

所有的仆人都对他们非常尊敬。

在所有仆人离开宫殿之后。

“我们现在可以尽情地玩啦！”

接受惩罚

“宫殿真大啊！”

“看我的！”

“你就不能小心点儿吗？”

“快出来！我知道你在那儿！”

“我准备好接受惩罚了。”

一只狗从打开的箱子里蹿了出来。

“真是个惊喜啊！”

还是香肠好

“这只龙虾好大啊！”

爸爸开始切龙虾。

“爸爸，太硬了，根本咬不动啊。”

父子俩对龙虾束手无策。

他们最终离开了饭店。

“爸爸，我觉得香肠更好。”

“这么多煤啊。”

他们开始捡掉落在路上的煤。

“立刻派一辆豪车接我们。”

他们应该向我们学习勤俭。

滑稽的衣服

父子俩衣冠楚楚。

但祖父和曾祖父却嘲笑他们衣着滑稽。

父子俩也逐渐赞同他们的观点。

“爸爸，这才是真正的我们。”

“儿子，你可真厉害！”

幽灵只得无奈地离开了。

听话的仆人

儿子一不小心掉进了游泳池。

“立刻去救我的儿子！”

仆人立刻跳进了水中。

爸爸只得自己去救他们。

“求人不如求己啊。”

一天，父子俩乘车出行。

儿子看到两个正在踢球的好朋友。

"爸爸，我能和他们一起玩吗？"

"下次吧，咱们还有急事要做。"

儿子觉得很难过。

热爱音乐的穷人

爸爸给了一位穷人不少钱。

穷人拿到钱后非常高兴。

第二天。

这位穷人竟然邀请了钢琴师伴奏进行演唱。

爸爸正在非常认真地读着一本书。

爸爸走在街上时也读着这本书。

儿子则在一边独自玩耍。

儿子一不小心用苹果击中了爸爸。

爸爸愤怒地将书砸向儿子。

失败的演讲

爸爸因为一时紧张竟然说不出话来。

“别着急！慢慢来！”

“我该怎么办啊？”

“我的爸爸可真够笨啊。”

“他终于发出声音了。”

伤感的演奏

“请为我们演奏一首。”

小提琴手演奏了一首悲伤的乐曲。

“让我给你演奏一首吧。”

爸爸演奏得十分投入。

技艺超群

“这是一位著名的杂技演员。”

“他好棒啊！”

“先生，请您检查一下这把宝剑。”

淘气的儿子开始将钉子钉进这个人的屁股。

“我的天哪！他真的办到了！”

“他真的是太厉害了！”

“过来陪我练习拳击。”

“爸爸，你肯定能赢。”

两人做好了准备。

仆人一拳就击倒了爸爸。

“对不起，主人。”

仆人继续去干活了。

意外

“看，那里有个落水的人。”

他们毫不犹豫地跳海救人。

原来只是个路牌。

更糟糕的是，他们的游艇已经开走了。

他们到了一个荒岛。

父子俩非常饿。

父子俩希望箱子里装着食物。

原来是一架钢琴。

他们只能用美妙的音乐充饥了。

怎么不早说

爸爸用弓箭将一只鸟射落。

“爸爸在干什么呢？”

“怎么还不管用啊？”

“爸爸，你不用这么费事！”

“我这儿有一盒火柴啊！”

瓶子一直在海上漂流着。

六星期以后，瓶子终于漂回来了。

“爸爸，那是我们的瓶子。”

豹子很快赶上了他们。

“这匹该死的马！”

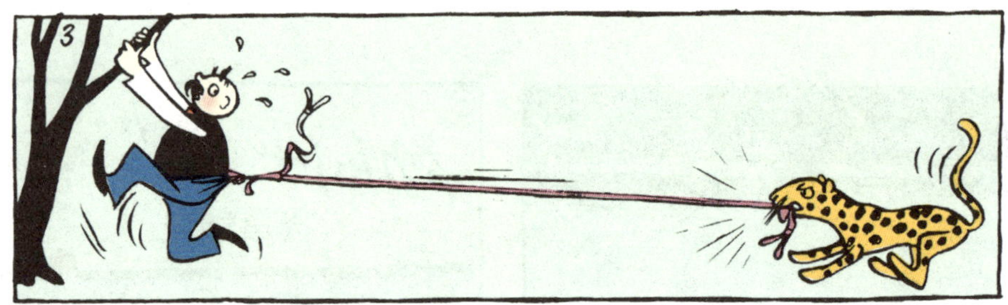

爸爸紧紧地抓住一棵树。

最后，没了力气的爸爸松开了双手。

Le Petit Prince
小王子

Chapter 01

我是小画家

我六岁的时候看过一幅画，是和原始森林有关的。画里有条大蟒蛇正在吞食猎物。我模仿了一下，差不多是这个样子。

书里说道：“大蟒蛇把食物整个吞进去，并不会嚼。它吃完就不会动弹了，接下来的六个月里，它一边睡觉一边消化肚子里的食物。”

打那时起我就迷上了丛林冒险，高兴地拿起彩色铅笔，画出了我的处女作。一号作品如下：

我把我的大作拿给大人们看，问他们怕不怕。

可他们回答：“哪会有人被帽子吓到呀！”啊？！我画的才不是帽子。这明明是一条蟒蛇，只是刚刚吞了一头大象。为了让那些大人们看懂，我又画了一幅，把蟒蛇肚子内部画出来。二号作品如下：

看过二号作品的大人们纷纷劝我别再画什么蟒蛇了，反正两幅画都不好，我应该好好学习地理、历史、算术和语文。就这样，在六岁那年，我结束了伟大的画家生涯。一号和二号作品的失败让我很灰心。大人们什么都不懂，总是让小孩子一遍遍解释给他们听，太无聊了！

于是决定另谋他职，我学会了开飞机。我几乎飞遍了整个世界。我出色的地理知识真是派上用场了，我只要看一眼就能在高空中分辨出中国和美国的亚利桑那。这个本领在夜航迷路的时候超级管用。

在随后的飞行过程中，我成天和一些重要人物打交道。我和大人们经常近距离接触，而且接触的时间很长很长，但对大人们的成见却没有改变。

我如果碰到看起来头脑清楚的大人，就会把一号作品拿给他看。我把一号作品随身带着，就为试探一下大人是不是真的可以看懂。可是他们给出的答案总是一个样："这是帽子啊。"听到这里，我也就不想提什么蟒蛇啊，原始森林啊，星星啊。我只能把自己的水平拉低到他们的档次，聊一聊桥牌、高尔夫、政治和领带什么的。这些大人就会很开心，觉得我很通情达理。

Chapter 02

遇见小王子

因此我总是一个人生活，我身边连个谈心的伴儿都没有。直到六年前，我在撒哈拉沙漠出了事故。飞机引擎出了点儿毛病，当时飞机上没有机械师和乘客，只有我一个人。我只能自己动手修理飞机。我到了生死关头，因为当时带的饮用水只够喝一周的。

在沙漠里的第一晚，我睡在沙地上，这儿是无人区，和人类居住地隔了十万八千里。即使是那些遭遇海难、趴在木筏上在大洋中心漂流的水手，都比不上我此刻的寂寞。因此你完全可以想象出来，当太阳升起，我被一个又奇怪又微弱的声音唤醒的时候，我得有多惊讶：

“请给我画只小绵羊。”

“什么？”

“给我画只小绵羊。”

我简直跟被雷劈了似的蹦了起来。我揉着睡眼，使劲儿地眨巴眨巴眼睛，小心翼翼地环视四周——我看到了一个非常奇怪的小男孩，一脸严肃地看着我。这是我后来为他补上的一幅肖像画，我尽全力地还原他的模样。请见谅，我六岁的时候就在大人们的劝说下放弃了画家的事业，我只画过蟒蛇，其他什么都没画过。所以我画中的这个小男孩远不及真人可爱。

我被这个幽灵般的小男孩吓了一大跳，要知道这可是杳无人迹的沙漠腹地啊！可是这位小朋友看上去不像是迷了路，也没有累得要死，更没有饥饿、口渴、害怕和恐惧。

我让自己慢慢地镇静下来，开口问他："可是……你怎么会在这里？"

他只是重复着刚才的那句话，可能这件事非常重

要：“请给我画只小绵羊。”

他身上的神秘感让我不敢不服从他的“命令”。我身在无人区，处境危险，从天而降的小男孩却要我画绵羊。虽然我觉得有点儿荒唐，但我还是乖乖地拿出了纸张和钢笔，准备开画。落笔之时却猛然想起我只学过地理、历史、算术和语文，于是我对小家伙坦白我不会画画，而且我的语气不太好。

他回答道：“没关系啊，给我画只绵羊就好了。”

我从来没有画过羊，于是我索性重画了我的一号作品。这小家伙看了画之后说：“不是的！不是的！我不想要吞下大象的蟒蛇。蟒蛇非常危险，大象非常笨重。我住的地方很小。我想要一只绵羊，给我画一只绵羊。”我非常惊讶，他竟然看懂了我的一号作品。

于是我又画了。

他盯着画仔细地看了一会，说："不对，这只羊病恹恹的，再给我画一只。"

于是我继续画。

我的这位小朋友憨厚地笑了起来，温柔地说："你

看，这不是绵羊，它明明是山羊，你瞧，它还长角呢！"

没办法我又画了一幅。

还是跟前面两幅画一样，它也被拒绝了。

"这只羊太老啦，我想要一只小绵羊，可以活得久一些。"

我没了耐心，因为我着急去拆引擎，所以这一次我

是草草地涂出来的。

我解释说：“这是个盒子，不过你要的小绵羊就在盒子里面。”

我非常意外，他竟然兴高采烈地说：“正是我想要的。你说，这只小绵羊是不是要吃很多的草呀？”

“为什么这么问？”

“因为我住的地方非常小。”

“那也应该够它吃了，我给你画的是只很小很小的绵羊。”

他低头看着画：“也不是很小呀。看，它都睡着了。”

他就是小王子，我们就这样认识了。

Chapter 03

给小王子画羊

我花了很久才搞清楚他是从哪儿来的。小王子简直就是“十万个为什么”，却从不回答我问他的问题。通过我们之间的谈话，我慢慢去了解他。

比如说，他第一次看到飞机的时候，问我：“这是什么东西呀？”

“这个不是东西，它能在天上飞，它叫飞机，是我的飞机哦。”

我得意地告诉他我能飞。

他不禁叫了出来："真的吗？你是从天上掉下来的？"

"没错。"我有点惭愧地答道。

"啊，那可真好玩。"小王子突然笑了起来，这银铃般的笑声却让我有些生气。因为我觉得他有点幸灾乐祸。他接着问道："原来你也是从天上来的！你是从哪个星球过来的呀？"

我似乎明白了他为什么会神秘地在这里出现。我立刻反问他："那么你是从其他星球来的？"

但他没有答复我，只是轻轻地摇了摇头，目不转睛地盯着我的飞机："唉，你要是坐这个家伙，飞不了那么远……"

他沉浸在遐想之中，然后从口袋里掏出我给他画的小绵羊，对着他的小宝贝沉思。

此时的我对于“其他星球”好奇得很，想着再套些话出来：“喂，小家伙，你是从哪儿来的呀？你说过的‘我住的地方’是什么地方呀？你打算把小绵羊带到哪里去呀？”

他安静地想了好久，才回答道：“你知道我为什么喜欢你给我的盒子吗？因为晚上可以拿盒子给小绵羊当窝。”

“当然行啦。你要是乖的话，我会给你一根绳子，白天的时候你就可以拴住它。我还会给你画根小柱子，好把它拴在上面。”

这个建议让小王子很惊讶："把它拴起来？你真搞笑。"

"那你不拴住它，它可就自己跑丢了。"

我的小朋友再次笑出声来："可是它又能去哪儿呢？"

"哪儿都去呗，不停地走啊。"

小王子非常严肃地对我说："不会的。我住的地方很小。"

接着他有些忧伤地说："就算一直往前走的话，也走不了多远……"

Chapter 04

小王子的星球

由此我得知了第二件非常重要的事情：小王子住的星球只有一栋房子那么大。

不过我倒不吃惊。我知道有些有名字的星球很大，如地球、木星、火星和金星等，但肯定还有成百上千个小星球，它们太小了，哪怕是用望远镜也很难看到它们。假如天文学家发现了一个小星球，也不会给它起名字，而是用数字来编号。比如，称呼它为“325号小行星”。

我有足够的理由相信小王子住的星球是“B-612号小行星”。这颗小行星在1909年被土耳其的天文学家

观测到过一次。

他在当时的国际天文学大会上详细地向大家展示他的发现，糟糕的是他那天穿戴了一身土耳其民族服饰，所以没有人肯相信他的话。大人们就是这样。

“B-612号小行星”运气很好。没过几年，土耳其独裁者强迫国民必须穿戴欧洲服饰，违者处死。1920年天文学大会上，这位天文学家穿了一身得体优雅的西服，重申了他的发现。这一次每个人都信了。

我告诉你这么多有关“B-612号小行星”的各种细节和数据，是因为大人，大人们就是喜欢数字。你想一下，如果你跟他们谈起一个新结识的朋友，他们

就从来问不到关键点上去。他们从来不会问你："他的声音是什么样的？他喜欢什么游戏？他收集蝴蝶标本吗？"大人们只会这样问："他多大年龄了？有几个兄弟？他有多重？他父亲收入多少？"只有这样大人们才会觉得他们认识了一个人。你要是对他们说："我见过一栋房子，可漂亮了，是用粉色的砖砌成的，窗檐上摆着天竺葵，屋顶上停着小鸽子……"他们是绝对想象不出来的。你要是换个说法："我见过一栋房子，价值十万英镑哦。"那么他们就会大发感慨："天哪，多么棒的房子啊！"

同样的，如果你对大人们说：“小王子是真实存在的，证据就是他迷人可爱，他会笑，他想要一只小绵羊。所以说，如果有人想要只小绵羊，那就证明这个人是存在的。”大人们就只会耸耸肩，把你当成小屁孩。可是你要是这样告诉他们：“他来自‘B-612号小行星’。”他们就会深信不疑，不再向你发问。大人们就是这样。别埋怨他们。小孩子要多体谅大人们才是。

可是对于我们这些懂得生活的人来说，数字却是无关紧要的。我宁可用童话开头，来讲这个故事：“很久很久以前，有一个小王子，他生活的星球比他大不到哪里去。他想找个朋友……”对于懂得生活的人来说，这样反而更真实。

Chapter 05

猴面包树

我每天对小王子都会有新的了解，关于他的星球，他离开的原因，还有他的旅程。他总是边想边说，很多信息是不经意透露出来的。直到第三天我才从他那儿听说了猴面包树之灾。

再一次感谢那只小绵羊，小王子似乎突然忧心忡忡地问我：“小绵羊是不是真的会吃掉小灌木苗？”

“当然啦！”

“啊，真开心！”

我完全不能理解为什么小绵羊吃灌木苗这么重要。还好，小王子继续问了：“那么，它们也会吃猴面包树咯？”

我向小王子解释道，猴面包树可不是小灌木，它是一种长得跟大教堂差不多高的树木。就算他赶来一群大象，恐怕也吃不完一棵猴面包树。

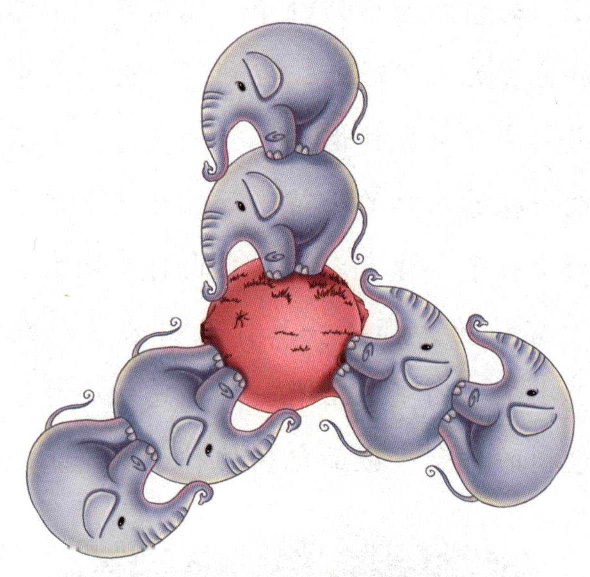

赶来一群大象这句话逗乐了小王子。

“那你可得把大象一只一只地摞起来呢!”

笑完之后小王子又说了一句很聪明的话：“猴面包树不是一下子就长得那么高的，它们刚刚发芽的时候也是小小的。”

“那倒是！不过你为什么想让你的小绵羊去吃猴面包树苗呢？”

他答道：“哦，拜托！”好像这答案是显而易见的，而我居然还去问。

我不得不绞尽脑汁自己想答案。

似乎小王子的星球和其他星球一样，有好植物，也有坏植物。好植物生出好种子，坏植物生出坏种子。种子静静地在泥土里睡着，直到有一天，其中的一颗种子决定起床。它伸伸懒腰，开始发芽，害羞地迎着阳光长成一棵惹人疼的小苗。如果它是小萝卜苗或者是玫瑰的小枝子，你可以让它自由自在地生长。但是如果它是坏植物，那么一旦你认出来了，就要尽早拔掉它。小王子的星球上有一种邪恶的小种子，它就是猴面包树的种子。猴面包树的种子入侵了小王子的

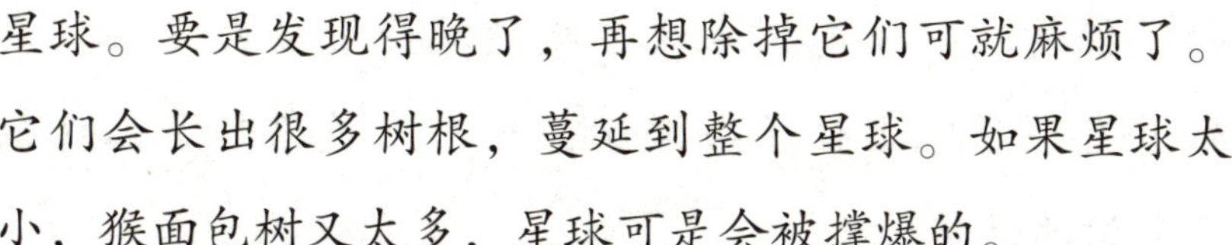

星球。要是发现得晚了，再想除掉它们可就麻烦了。它们会长出很多树根，蔓延到整个星球。如果星球太小，猴面包树又太多，星球可是会被撑爆的。

“我们那边的规矩是，”小王子告诉我，“早上起床洗漱后，你要耐心地清洁和打扮星球。猴面包树的幼苗跟玫瑰花的幼苗长得很像，要定期检查，一旦发现猴面包树苗，就要马上拔掉。虽然这活儿做起来很无聊，但是也非常简单。”

后来有一天，小王子提议让我画一幅美丽的图画，让我的星球上的孩子们能明白其中的奥妙。他对我说：“将来这些孩子们离家远行，你的画或许对他们有用。有时候把事情拖几天再做，好像没什么要紧

的。但是就猴面包树来说，拖延就会变成大灾难。我知道有个星球上住了个懒汉，那人只是忽略了三株猴面包树的幼苗……”

我照着小王子的描述画出了那幅场景。我并不想把自己搞得像个卫道士一样。不过猴面包树的危害很少有人知道，而人们迷路后踏上小星球的可能性又很大。这让我不得不打破常规，稍微多说几句：“孩子们啊，小心猴面包树！”怀着一颗警醒自我、提示他人的心，我埋头作画。看着完成的作品，我感到辛苦总算是有回报的。

Chapter 06

看日落

小王子啊！我慢慢懂得了你那伤感的小生活。原来长久以来，你唯一的乐趣就是看日落。我在第四天早上的时候才注意到了这个小细节，那时候你对我说：“我很喜欢日落，我们去看日落吧。”

“可是我们得等呀！”

“等什么？”

“等太阳落下去呀。”

你先是一脸震惊，过了一会儿才自嘲地笑了起来，

对我说："我老是以为我还在家里呢。"

确实如此。大家都知道，美国的大中午正是法国的日落时分。你只要在一分钟之内赶到法国，就能赶上看日落，只不过法国太远，没人做得到。不过你的星球太小了，你只需要把你的小椅子挪几下就可以了。想什么时候看日落，就能什么时候看。

"有一天，我看了四十四次日落。"你对我说，一会儿又加上一句，"你知道的，人在难过的时候，总是很爱看日落。"

"在你看了四十四次日落那天，你很难过吗？"我问道。

然而小王子没有给我任何答复。

Chapter 07

小王子的秘密

到了第五天，我得知了小王子的秘密，还是要感谢小绵羊。事先没有任何征兆，好像这个问题他已经思考了好久，小王子突然问我："小绵羊如果吃草什么的，那会不会也吃花儿呢？"

"绵羊是看到什么就吃什么的。"

"带刺的花儿它也吃？"

"是啊，带刺的花儿它也照吃不误。"

"那花儿上的刺有什么用呢？"

我不知道。当时我正忙着把一枚陷进引擎里的螺栓拧出来。我真是担心得不得了，飞机的毛病太大，我的饮用水越来越少。

“你说那些花儿长刺有什么用呢？”

小王子一旦提出了问题，就一定要打破砂锅问到底。我满脑子都是拧螺栓的事儿，当时想到什么就随口说了出来：“刺的确什么用都没有，花儿长刺就是表明这花儿心眼儿坏。”

“噢！”

沉默了一会儿之后，小王子愤愤地说道：“我才不相信你呢。花儿很小很天真，她们只是努力保护自己罢了，她们觉得刺是武器，很有用的。”

我没搭理他。这时我心里默念：“这螺栓要是再拧不下来我就一锤子给它敲下来。”

小王子又一次打断了我的思路："话说，你是不是真的认为花儿们……"

"得了！得了！当我什么都没说！我随口说说的，我在忙大事呢。"

他用一副完全震惊了的表情看着我。

"大事？"

他盯着我看，当时我手拿铁锤，手指满是黑乎乎的油污，弯腰去伺候一个在他看来难看得要命的东西。

"你说话的口气很像个大人。"

这话让我有些无地自容。

他不依不饶地接着说："你把所有的事情都搞混了，全都搞混了！"

他是真生气了，摇着脑袋，金色的卷发在风中摆动着。"我知道有个星球上住了个红脸蛋的先生。他从来不闻花香，从来不去抬头看星星，从来没爱过别人。他一辈子都在算加法。他成天就像你这样自言自语：'我在忙大事，我在忙大事'。他浑身上下膨胀着骄傲的气味，他简直不是人，就是个蘑菇。"

"是个什么？"

"是个蘑菇！"

小王子的脸都气白了。

“几百万年来花儿都长刺，几百万年来小绵羊都会吃花儿。搞明白花儿为什么要长刺，这难道不是件值得去做的事儿吗？绵羊和花儿之间的战争不重要吗？不比红脸蛋先生的数字重要吗？假如有一朵花儿，它是独一无二的，只能生长在我的星球上。但要是这朵花儿稀里糊涂被小绵羊一口吃了，这难道不是大事吗？”

他的脸变得通红：“要是有人爱上了一朵花儿，这朵花儿长在一个星球上，你要知道天上的星星太多了，这个人仰望天空时，想着这朵小花就会感到快乐。因为他可以对自己说，‘我的花儿就在那儿’，

可要是小绵羊吃了那朵花儿，对这个人来说，所有的星星都熄灭了！你却认为这不是大事！”

小王子哭了，哽咽得一句话也说不出来了。夜幕降临，我抛下了手里的工具。我再也不去管什么锤子、螺栓、饥渴、死亡了。就在这颗星球上，我的行星，地球，有这么一个需要我来安慰的小王子！我抱住他，轻轻摇晃着，柔声说道：“你爱的花儿不会有事的，我会给你的小绵羊画一副口罩，我会给你的花儿画一道篱笆，我……”我真不知道应该对他说些什么，只是觉得尴尬。我不知道怎么才能和他一样，怎样才能追得上他的思维。泪水看到的世界，太过神奇。

Chapter 08

花儿的秘密

我很快就对这朵花儿有了更多的了解。小王子的星球上一向只生长着普通的花儿，它们只长着一层花瓣，不占什么地方，也不影响任何人。它们总是早上悄悄地从草丛中冒出来，到了晚上就凋谢了。不过，有一天，不知道从哪儿飘来的一粒种子发了芽。小王子仔细观察着，发现这棵小嫩芽和其他的嫩芽都不一样。有可能是一种新的猴面包树。不过没多久这小嫩芽就不再生长了，它冒出了花苞。小王子看着这美丽的花蕾一天天长大，预感到它一定漂亮得出奇。不过这花儿还是躲在自己绿色的小房间

里，迟迟不开放。她慢慢地打扮着自己，一瓣一瓣地梳理着花瓣。她可不想像罂粟花那样皱皱巴巴的。她要彻底展示出自己的美丽。没错！她就是这么爱美！她神神秘秘地把自己打扮了很多天。然后某天清晨，太阳升起的时候，她突然露出了脸庞。

她做了这么多努力，花了这么多心思，却还是打着哈欠懒懒说道："哎呀！我才刚刚起床，不好意思，人家还没洗脸呢。"

然而小王子忍不住表达自己的仰慕之情，赞叹道："哦，你可真美！"

"是吧！"花儿缓缓道，"我出生时，太阳也正好升起哦！"

小王子很快就看出这花儿可不谦虚，可是她太迷人了！

"我想，现在应该用早餐了吧，"她说道，"能否请你好心照料一下人家？"

小王子满脸通红，忙找来一壶清水，洒在花儿身上。

就这样，这朵迷人而又虚荣的小花儿开始折磨小王子了。

比如说有这么一天，正好聊到花儿的四根小刺，

她对小王子说："让那些爪牙锋利的大老虎来试试啊！"

"可是这儿没有老虎，"小王子说，"再说了老虎也不吃草的。"

"人家可不是草。"花儿娇滴滴地说。

"请原谅我……"

"反正我不怕老虎，可是我特讨厌风。你会不会给我准备道屏风？"

"居然害怕风？可是她是一株植物啊，太不幸了。"小王子心里想着，"这花儿的心事真是难懂啊。"

“我希望晚上的时候你能给我罩上玻璃，你这里可真是冷，我住着非常不舒服。说起我的家乡啊……”

话一说出口，她悔得想咬舌头。她飘到这儿的时候还只是一粒种子，她不可能知道另一个世界是什么样子。居然说了这么幼稚的谎，花儿尴尬极了，连忙咳嗽两声，转移小王子的注意力：“屏风在哪儿呢？”

“我正打算去拿，可这不正和你说话嘛！”

她又假装咳了一通，好让小王子心生愧疚。

这样一来，尽管小王子很愿意去爱着花儿，却也产生了怀疑。小王子总是把她的话当真，但其实花儿只是随口说说罢了，这让小王子越来越不开心。

“我不应该把她的话当真，”有一天他对我吐露心声，“永远不要把花儿的话当真。你只要望着她，闻闻她的花香就好了。整个星球都飘着我的花儿的香味，我却没为此高兴。那几句老虎的话却让我很生气，其实她就是在撒娇，让我更加疼爱她……”

他继续说着：“可惜从前的我什么都不懂！我应该看行动，而不是只听话语呀。她无私地给了我芬芳和光辉，我真不该弃她而去！我早就该猜出来她藏在小把戏背后的柔情！花儿的心事好难捉摸的！那时的我太年轻，真不知道爱是什么。”

Chapter 09

小王子离开星球

我猜想小王子搭了飞鸟迁徙的顺风车离开了他生活的星球。临走的那个清晨，他好好地整理了他的小星球。他仔仔细细地打扫了活火山，那里有两座活火山，早上起来热饭十分方便。那里还有一座死火山，不过他总是说："以后的事谁知道呢！"因此他也认真地打扫了那座死火山。只要清扫得当，火山就不会喷发，而是会慢慢地燃烧着，很有规律。火山喷发就像烟囱着火一样。当然在地球上，人类实在太渺小，没办法去打扫火山。所以火山才会

给人们带来那么多麻烦。

小王子毫不留情地拔掉了最后一批猴面包树幼苗。他认为自己永远都不会再回来了。可是对他来说，这些熟悉的劳动在离别的早晨显得特别温馨。当他最后一次给花儿浇了水，为她罩上玻璃罩的时候，他很想哭。

“再见了。”他对花儿说。

但是花儿没有回应他。

“再见。”他又说了一遍。

花儿咳了一下。但这不是因为她感冒了。

“我以前很笨。”她最终还是低声说道，“原谅

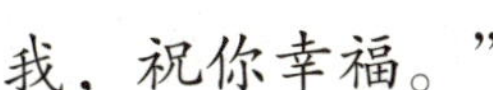

我，祝你幸福。”

花儿居然没有责怪他。小王子一惊，愣愣地站在那儿，玻璃罩举在半空中。这突如其来的甜蜜，让他摸不着头脑。

“当然了，我是爱你的，”花儿对他说道，“你却什么都不知道，这都是我的错。不过不重要了，你也和我一样笨。请你一定要幸福，把玻璃罩拿走吧，我再也不想用它了。”

“可是有风啊……”

“我感冒没那么严重，夜里凉爽的空气让我更舒服。我毕竟是一朵花儿啊。”

“可是那些动物……”

“我想认识蝴蝶，那么几只毛毛虫我还是受得了的。听说蝴蝶可漂亮了。再说了，谁还会来看我？你就要到很远的地方去了。至于那些大家伙，我可不怕，我有自己的武器。”说着，花儿一脸天真地秀出四根小刺，接着又说，“别在这儿磨蹭啦，怪烦人的。你既然决定了要走，就快走吧。”

其实她不想被小王子看到她流泪。她是朵骄傲的花儿。

Chapter 10

第一个星球之旅

小王子发现离他最近的是325、326、327、328、329和330号小行星。为了找到一个合适的职业，也为了长些见识，他开始依次拜访这些星球。

第一颗小行星上住着一位国王。他身穿紫色的貂皮长袍，在简约又大气的宝座上坐着。

“啊！来了个臣民！”国王瞥见了小王子，大声说道。

小王子很好奇，心想：“他从没见过我，怎么会一眼就认出我来呢？”

他不知道对于国王来说，世界是非常简单的。除了国王自己，所有人都是臣民。

“走近点，我要看清楚你的样子。”国王自豪极了，因为终于来了个人可以让他一展王威。

小王子环视四周，想找个地方坐，却发现这个星球被国王华美的貂皮长袍给盖满了。他只能继续站着，又累又困，他直打哈欠。

“在国王面前打哈欠可太无礼了，”国王说道，“我不准你这么做。”

“可是我忍不住啊，”小王子非常不好意思，“我走了很长的路才到这儿，一路上都没有睡觉。”

“这样的话，”国王说，“我恩准你打哈欠！我已经有很多年没见过人打哈欠了，还真挺有趣。来！我命令你再打一个哈欠！”

“你吓到我了。我……我打不出来。”小王子红着脸说。

“嗯！嗯！”国王说，“那么我命令你有时候打哈欠，有时候……”

他说得磕磕巴巴，好像有点恼火。

国王最在意的就是自己的权威是否受到尊重。他的旨意不容违抗。他是个专制的君主，但他心怀仁慈，所以从来不下刁难人的旨令。

国王总这样说，“我要是命令一位将军变成一只海鸟，而那将军没有遵旨，那么，这也怪不得将军，只能怪我的旨令强人所难。”

“我能坐下来吗？”小王子怯生生地问道。

“我命令你坐下。”国王回答道，然后很威风地向里拉了拉他的长袍。

不过小王子还是满心疑惑。这个星球这么小，到底国王能统治些什么呢？

“陛下，”小王子忍不住了，“请恕我有一事相问。”

“我准了，你问吧。”国王立刻回答道。

“陛下，您统治的是什么呢？”

“世间万物。”国王的回答十分简单。

“世间万物？”

国王大手一挥，做了个横扫千军的手势，自己的星球、其他的星球似乎都尽在掌握之中。

“这些都归您统治？”小王子问道。

“这些都是我的。”国王答道。

看来他不只是个专制的君主，他还是宇宙之王啊。

“那么星星听您的话吗？”

“当然了，”国王说道，“它们相当听话。我可容不下反抗的家伙。”

这般神奇的权利让小王子非常惊讶。要是他也有这种权利，别说是一天之内看四十四次日落，就算看上七十二次，甚至一百次两百次日落都不在话下啊！而且他也不需要挪动椅子！想到被自己遗弃了的星球，他不禁伤感起来，于是他鼓足勇气向国王提出了一个请求。

“我想看看日落。请您帮帮忙，命令太阳落下去吧。”

“要是我命令将军像蝴蝶那样在花间飞舞，或是命令他写一部悲剧，或是变成海鸟，然后将军没有执行我的命令，你说这是谁的错啊？”

“是您的错。”小王子毫不犹豫地回答道。

“正是。你不能命令别人去做他做不到的事情。权利首先要建立在合理之上。你如果命令你的臣民们去投海，那人民就会造反。我有权力要求大家服从，正是因为我下的旨意都是合情合理的。”

“那我的日落呢？”小王子提醒道，因为他永远是这样打破砂锅问到底。

“你当然能够看到你的日落，我会下令的。不过为了做到科学治国，我要等时机到了才行。”

“那是什么时候呢？”小王子问道。

“嗯！嗯！”国王拿出大日历本翻看着，“嗯！嗯！大约是，大约是今天晚上七点四十。到时候你就会看到，太阳是多么服从我的命令了。”

小王子打了个哈欠。他很遗憾看不到日落了，但是他实在是有些无聊。

“我在您这儿没什么要做的事儿了，”他对国王说，“我这就要走了！”

“别走，”国王好不容易才有个臣民，他要挽留小

王子，“我封你做大臣！”

“管什么的大臣？”

“管……管司法的大臣！”

“可是这儿连个让我审判的人都没有啊！”

“话可不能这么说，”国王道，“我还从未巡视过自己的王国。我年纪大了，步行太累了，可这儿又没条能容马车的路。”

“哦！可是我已经看过一遍了。”小王子说着，弯腰看了看小行星的另一边，好确定自己所言不假。

“那么你就审判自己好了，”国王回应道，“这可是最难的。审判自己比审判他人要难多了。你如果能够正确地审判自己，你才可以称得上睿智。”

“恕我多言，”小王子说道，“我认为我可以在任何地方对自己进行审判，我没必要非留在这儿。”

“嗯！嗯！”国王道，“我知道我的星球上藏着一只耗子，晚上的时候能听得见它的动静。你就去审判那只耗子好啦。你可以判它死刑，这样一来它的命就随你处置了。不过你最后还得饶它不死。它可是这儿唯一的活物了。”

“我呢，”小王子回复道，“并不喜欢判谁死刑。我想我还是离开比较好。”

“不许走！”国王说。

小王子虽然已经做好离开的准备，但他并不想伤老国王的心：“陛下要是想让我服从的话，您大可以给我下一个合情合理的命令。比如，您可以命令我一分钟之内从您眼前消失。我觉得现在时机就挺成熟的。”

国王一言不发，小王子犹豫了片刻，只好叹了口气，转身离开。

“我任命你做我的大使！”国王在小王子身后匆匆

喊道。

他依然一副高高在上的模样。

“大人真是奇怪啊。”小王子一边想，一边继续旅行。

第二个星球之旅

小王子到达的第二个星球上住着一个虚荣心极重的人。

“啊哈！来了一个我的仰慕者！”他老远看到小王子就这样大声说道。对于虚荣心极重的人来说，所有人都仰慕他。

“早上好，”小王子说，“你的帽子可真好玩。”

“这是用来挥舞的，”虚荣的人说道，“我把它举起来，向为我喝彩的人们表达谢意。可惜没人来过。”

“真的吗？”其实小王子没完全听明白。

“来，鼓掌。”虚荣的人指点他。

小王子就拍了拍巴掌，虚荣的人便谦虚地抬了抬帽子，向他行了礼。

“这可比刚才拜访国王好玩多了。”小王子心里想着，又试着拍了拍手。虚荣的人再次举起帽子行礼。

这样一来二去玩了五分钟，小王子觉得这游戏太单调太乏味了，有些厌倦。

“怎样才能让你不挥舞帽子呢？”小王子问道。

不过虚荣的人没有听见他的话。他的耳朵里只听得见赞扬。

“你真的这么仰慕我吗？” 虚荣的人问道。

“‘仰慕’是什么意思呀？”

“仰慕我，就是说，你觉得我是这个星球上长得最帅、穿得最好、最有钱、最聪明的人！”

“可是这儿就只有你一个人呀！”

“帮帮忙啦。请你仰慕我吧！”

“我仰慕你，”小王子说完轻轻地耸了一下肩膀，“你怎么会觉得这很好玩呢？”

小王子离开了。

“大人们可真是奇怪啊。” 小王子一边想，一边继续旅行。

Chapter 12

第三个星球之旅

小王子接下来拜访的星球上住着一个酒鬼。这次访问的时间虽然很短，却让小王子悲伤了很久。

“你在干什么啊？”他问酒鬼。酒鬼坐着，前面有一堆瓶子，有些瓶子里满是酒，有些瓶子已经空了。

“我在喝酒呢。”酒鬼凄凄惨惨地回答道。

“那你为什么要喝酒呢？”小王子问道。

“为了忘记。”酒鬼回答。

“忘记什么？”小王子问道，心里却已经有些可怜他了。

“忘记我的羞愧。”酒鬼低着头说。

“那你为什么羞愧呢？”小王子问着，心里想要帮助他。

“我羞愧我总喝酒！”酒鬼说完这句话就再也不开口了。

小王子困惑地离开了这里。

“大人们真的是非常、非常奇怪啊。”小王子一边想，一边继续旅行。

Chapter 13

第四个星球之旅

小王子来到了第四个小星球，这个星球属于一个商人。他忙得很，小王子走到他面前时，他都没抬头看一眼。

“早上好，”小王子冲他打招呼，“你的雪茄已经灭了。”

“三加二得五。五加七得十二。十二加三得十五。

早上好。十五加七得二十二。二十二加六得二十八。我可没空给它再点上。二十六加五得三十一。哇！一共是五亿零一百六十二万二千七百三十一。”

“五亿什么？”

“哈？你怎么还在？五亿零一百万……我也记不住啦！我有这么多活儿要干！我是个有正事的人，我可没空闲聊！二加五得七……”

“五亿零一百万什么呀？”向来都是打破砂锅问到底的小王子重复了一遍自己的问题。

商人抬起头来。

“我在这个星球上生活了五十四年，只被打扰过三次。第一次是在二十二年前，一只不知道从哪儿冒出来的金龟子掉到我的桌子上，那叫声可真是烦人，害得我足足算错了四处地方！第二次是十一年前我得了关节炎，因为我缺乏锻炼，我可没时间去放松身体。我是个很有正事的人。第三次嘛，就是你！我说什么来着，五亿零一百万……”

“一百万什么？”

这个商人突然明白他是得不到安宁了。

“我在算那些有时候能在天上看见的小东西。”

“苍蝇？”

“不不不，是一些闪闪发光的小东西。”

“蜜蜂？”

“不不不，那些小东西是金黄色的，能让懒汉们做白日梦。不过我可是个有正事的人！我没时间去做白日梦！”

“噢！你是在说星星啊！”

“是的是的，星星。”

“你打算拿这五亿颗星星怎么办？”

“是五亿零一百六十二万二千七百三十一颗。”

“好吧，然后你拿它们怎么办？”

“我拿它们怎么办？”

“对啊。”

“不怎么办。我拥有它们！”

“你拥有那些星星？”

“对。”

“可是我见到过一位国王，他……”

“国王并不拥有星星，他只是统治而已。这两者区别可大了。”

“那你要星星有什么用呢？”

“它们可以让我富有。”

“富有又有什么好处呢？”

“如果有人发现了新的星星，我就可以买下来呀。”

小王子心里说道：“这人和酒鬼先生差不多呢。”不过，他还是继续问了几个问题。

“人怎么能拥有星星呢？”

“那你说星星属于谁？”商人凶巴巴地反问道。

“我也不知道，它们不属于任何人才对。”

“不管怎么说，它们属于我，因为我是最先想到的。”

“这样也行呀？”

“当然了！当你捡到一颗没有主人的钻石，那它就是你的了；当你发现一座无人的小岛，那它也就是你的了；当你第一个想出一个点子，给它申请了专利，那么它就是你的。在我之前没有人想过拥有这些星星，而我想到了，所以它们就是我的了。”

“听起来还蛮有道理，”小王子说道，“那你用它们来做什么呢？”

“我要管理它们。我把它们数清，一遍一遍地数。”商人说道，“这件事很难。但我是个有正事的人！”

小王子还是不满意这个回答。

“如果我有一条丝巾，我可以把它围在脖子上随身戴着；如果我有一朵花儿，我可以把它摘下来随身带着。可是你不能把星星摘下来呀！”

“我是不能，但是我可以把它们存到银行里。”

“这又是什么意思？”

“意思就是，我可以在纸上写下星星的数量。再把那张纸放进银行的抽屉里，拿锁锁上。”

“就这样？”

“这就够了啊！”

“这可真搞笑，”小王子想着，“还蛮有诗意的，但是这也不叫正事呀！”

小王子认为的正事和大人们眼中的正事真是不一样。

“我自己呢，拥有一朵花儿，我每天都会给她浇水。”他对商人说道，“我还拥有三座火山，我每星期都会把它们打扫干净。那座死火山也不例外。谁知道哪天它会活过来呢。打扫对火山好，浇水对花儿好。可是对那些星星来说，你为它们做了什么呢?”

商人张了张嘴，却无言以对。小王子离开了。

“大人们真是太奇怪了。” 小王子一边想，一边继续旅行。

第五个星球之旅

第五颗星球非常奇怪。它是所有星球中最小的，只够摆上一根路灯柱，再站上一个灯夫。小王子无法理解在这没有房屋也没有居民的小星球上，路灯和灯夫到底有什么用。

不过他心想："这灯夫是挺荒唐的。不过他肯定没有国王、虚荣的人、商人和酒鬼荒唐。至少他的工作是有意义的。当他点亮路灯的时候，就好像是给这个世界添了一颗星星、一朵花儿一样。而当他熄灭路灯的时候，就好像是把花儿、星星哄睡着了似的。这是一份多么美好的职业啊！它既然这么美好，那么肯定是有用的。"

到达小星球的时候，小王子庄严地向灯夫行了个礼。

"早上好，先生，你刚刚为什么把路灯给熄灭了呀？"

"这是规定。"灯夫回答道，"早上好。"

"什么规定？"

"熄灯的规定。晚上好。"

他说着，把灯又给点亮了。

"那你为什么又把它点亮了呢？"

"这是规定。"灯夫回答。

"我不懂。"小王子说道。

"这没什么懂不懂的，"灯夫说道，"规定就是规定。早上好。"

说着，他熄灭了路灯。

然后他拿出一块红色方格的手帕擦了擦额头。

“我的工作很辛苦。以前还好，我只需要早上把路灯熄灭，晚上再把路灯点亮。一天里的其他时间我都可以轻轻松松，晚上的时候还可以睡睡觉。”

“后来规定改了？”

“规定从来没改过，”灯夫道，“这就是悲剧所在！这星球转得一年比一年快，可是这规定从来没改变过！”

“所以呢？”小王子问道。

“所以现在就成这样了，它一分钟转一圈，我现在连一秒钟的休息时间都没有了。我每分钟都要点灯一次，熄灯一次。”

“真好玩！你住的地方，一天只有一分钟！”

“一点都不好玩，”灯夫说道，“我们已经在一起说了一个月的话了。”

“一个月？”

“对啊，三十分钟，就是三十天！晚上好。”

他再次点亮了路灯。

小王子盯着灯夫瞧，他觉得自己爱上他了，这个尽忠职守的灯夫。小王子记得以前他只要挪动椅子就能追着看日落，他要告诉灯夫，他想帮帮这个朋友。

“我说，我其实知道一个方法，可以让你在想休息的时候歇上一歇。”

“我一直都想休息！”灯夫道。

小王子说：“你的星球那么小，走上三步就能绕一圈了。你只需要慢慢地走动，太阳就永远在你头上，你想让白天多长就多长啦。”

“这对我来说没用，”灯夫道，“我就是想睡觉。”

“那可没办法了。”小王子说。

“是没有办法，”灯夫说，“早上好。”

他熄灭了路灯。

“这个家伙，”小王子又踏上了旅途，“他一定会被其他那几个人瞧不起的，国王啊，虚荣的人啊，酒鬼啊，商人啊，他们肯定都瞧不起他。但是他却是我心目中唯一不荒唐的人，因为他的忙碌不是为了他自己。”

小王子略带不舍地叹了口气：“他是唯一我愿意结

交的人。但是他的小星球实在是太小了，住不下两个人。”

小王子不愿意承认的是，他并不想离开这个星球，因为最吸引他的是在这里一天有一千四百四十次日落呢。

Chapter 15
第六个星球之旅

第六颗星球比第五颗大十倍，那里住着一位写大部头书的老先生。

“瞧瞧！来了个探险家！”他看到小王子，叫了出来。

小王子在桌边坐下，有点喘。他已经走了很远的路！

“你从哪里来呀？”老先生问道。

“这本大书写的是什么呀？”小王子压根没回答老先生的问题，“你在这儿做什么呢？”

“我是一个地理学家。”老先生答道。

“地理学家又是什么？”

“地理学家就是了不起的学者，他知道所有的江湖河海、山脉城市、平原沙漠的位置。”

“这可真是太有趣了，”小王子道，“这才是真正的职业！”他飞快地环视了这位地理学家的星球，他可从来没有见过如此壮观的景色。

“你的星球可真漂亮！这儿有海洋吗？”

“我不知道。”地理学家说道。

“哦！”小王子有些失望，“那有没有山？”

“这个我也不好说。”地理学家说道。

“那城市、河流和沙漠呢？”

“我也不知道。”

“你不是地理学家吗？！”

“话虽如此，”地理学家答道，“可我不是探险家啊。我的星球上没有探险家。地理学家不负责去清点城市、河流、山脉、大海和沙漠，我们可不会浪费宝贵的时间到处走，我从来不离开自己的办公室。不

过地理学家可以招收一些探险家，他向探险家提出问题，记录下探险家们对自己旅途的回忆。一旦有什么内容激发了地理学家的兴趣，他就会去考察一下这名探险家的人品。”

“为什么呐？”

“因为爱说谎的探险家会给地理书带来灾难。当然爱喝酒的探险家也不行。”

“这又是为什么呢？”小王子问道。

“因为酒鬼看东西都是重影的，这样一来地理学家就有可能把一座山标记成两座山。”

小王子说："我倒是知道一个人，他要是当探险家肯定糟糕透了。"

"有可能。哪怕这名探险家的人品没问题，对于他的探索过程也需要调查。"

"派人去实地考察吗？"

"不不，那可太麻烦了。我们需要的是让探险家们拿出证据来。比如说，他发现了一座大山，那么他就应该带几块山上的石头回来。"说到这儿，地理学家突然兴奋起来："你，你走了很远的路来到这里！你就是名探险家！给我讲讲你的星球吧！"

说着，这位地理学家打开了本子，削尖了铅笔。他们先用铅笔记下探险家说的故事，等探险家提供了证据后，再改用钢笔写。

"可以开始了吗？"地理学家一脸期待地看着小王子。

"嗯，我住的地方，"小王子说道，"也没有很好玩啦，因为实在是太小了。我有三座火山，两座是活火山，一座是死火山。不过谁知道它会不会喷发呢！"

"对，谁知道呢。"地理学家说道。

"我还有一朵花儿。"

“我们不收录花儿。”地理学家说道。

“为什么不收录？在我的星球上她是最漂亮的花儿！”

“因为花儿都转瞬即逝。”

“什么叫‘转瞬即逝’？”

“地理书啊，”地理学家说道，“是所有书籍里面最宝贵的。它们永远都不会过时。山不会移动，海不会干涸。我们只记录那些永恒存在的事物。”

“但是死火山也可以复活呀，”小王子打断道，“‘转瞬即逝’到底是什么意思？”

“死火山、活火山对我们来说都一样，”地理学家道，“只要是山就可以，是山就不会改变的。”

“那‘转瞬即逝’是什么意思？”小王子又问了一遍。他一旦提出了问题，不问出个究竟是不会罢休的。

“就是‘很容易早早灭亡’的意思。”

“我的花儿很容易早早灭亡？”

“当然了。”

“我的花儿是转瞬即逝的，”小王子心里想着，“面对这个世界，她能用来保护自己的就只有那四枚小刺！我却把这样的她孤零零地丢在了‘B-612’上！”

这是他第一次感到后悔。不过他很快又鼓起了勇气。

“您建议我再去哪个星球拜访好呢？”他问道。

“地球，”地理学家回答道，“那是颗很有名的星球。”

于是小王子离开了，心里一直挂念着那朵花儿。

Chapter 16

小王子来到地球

小王子拜访的第七颗星球便是地球。

地球可不是颗普通的星球哦！这儿有一百一十一名国王，里面还有黑人国王，七千名地理学家，九十万名商人，七百五十万个酒鬼，三亿一千一百万个虚荣的人……也就是说，大约有二十亿个大人。

当小王子到达地球的时候，他感到十分意外，因为他一个人都没见着。他有点担心自己是不是走错了地方，却看见一条细细的蛇，像月亮一样淡金色的它在沙子里移动。

“晚上好。”小王子礼貌地打招呼。

“晚上好。”蛇回答道。

“我这是掉在哪颗星球上了呀？”小王子问道。

“地球，这里是非洲。”蛇回答道。

“噢！地球上没有人吗？”

“这儿是沙漠，沙漠里是没有人的，不过地球可大着呢。”蛇说道。

小王子坐在一块石头上，抬头望着天空。

“我在想啊，”小王子说道，“星星闪闪发光，是不是为了让人们可以回到属于自己的那个星球呢？看，我的星球，就在头顶上！可是它离我太远啦！”

“真漂亮，”蛇说道，“你为什么来这儿？”

“我跟一朵花儿合不来。”小王子答道。

“噢！”蛇说。

他们安静了下来。

“人都到哪儿去了？”小王子打破沉寂，继续说道，“在沙漠里觉得怪寂寞的。”

“就算是在人群里，也还是会感到寂寞的。”蛇说道。

小王子盯着蛇看了好大一会儿。

“你真是个很奇怪的动物，”他最终说出来了，“你细得就像根手指头。”

“我可比国王的手指头厉害呢。”蛇说道。

小王子笑了笑：“可是你看起来不是很厉害啦……你连爪子都没有……你都走不了远路。”

“我能送你去很远的地方，连船都到不了的远

方。”蛇说完盘上小王子的脚踝，看上去像金色的脚环。

“我可以把碰到的人送回到他来的地方，”蛇又说道，“可是你又纯洁又美好，还是从星星上来的……”

小王子什么都没说。

“我挺可怜你的，在这个坚硬的地球上，你是这么无助。也许哪天我能帮到你，要是你想家了，想回自己的星球了，我可以……”

“哦！我懂你的意思了，”小王子道，“但是你为什么老是打哑谜呢？”

“因为对我来说，这都不是什么谜。”蛇回答道。

他们再一次沉默了。

Chapter 17

小王子到地球一周年

我们找到的那口水井和撒哈拉沙漠里常见的水井不一样。撒哈拉沙漠里的水井都只是简单地在沙子里挖一个坑，而这口井看起来倒像是村庄里的。不过这儿可没有村子，我想我肯定在梦里。

“这也太奇怪了，”我对小王子说，“这儿什么都有，辘轳，水桶和绳子。”

小王子笑了，抓起绳子，去转辘轳。辘轳吱呀吱呀地响，像一个很久没被风吹动过的风向标。

“你听，”小王子说道，“我们叫醒了水井，它在唱歌呢！”

我不想累到他。“放着我来，”我说道，“这对你来说太吃力了。”

我慢慢地把水桶升到井口，稳稳地放到井沿上。辘轳的歌声还回荡在我的耳朵里，漂浮在水面上，声音抖抖的。我可以看见阳光洒下来，那闪闪的光芒。

“我渴，想喝水，”小王子说道，“给我点水喝。”

我终于明白他要的是什么了！

我把水桶抬起来，放在他嘴边。他闭着眼睛，喝着水。它像节日般甜美。这水不是普通的饮料。它来自星夜下的行走，辘轳的歌声，是我亲手摇出的水啊。它仿佛是一件贵重的礼物，有益于心灵。我小的时候，是圣诞树上的彩灯，子夜弥撒的乐声，以及甜蜜的笑脸，才让我的圣诞礼物充满着光辉。

“在你住的地球上，”小王子说道，“人们在同一个花园里种上五千朵玫瑰花儿，却不知道自己要的是什么。”

“他们是不知道。”我答道。

“其实，他们要找的东西明明就藏在一朵花儿，或

一滴水珠里。”

“是啊，没错。”我答道。

小王子继续说道：“光靠眼睛看是不行的，你必须用心去看。”

我喝了水，呼吸顺畅多了。覆盖在朝阳下的沙子显现出蜂蜜的颜色，我也很喜欢这种金黄色。可为什么我觉得很哀伤呢？

“你一定要遵守你的承诺。”小王子又坐到我的身边来，柔声说道。

“什么承诺？”

“你知道的啊，给我的小绵羊画一个口罩，我要为我的花儿负责。”

于是，我从口袋里把原来画的那些草图拿出来。

小王子看了看，笑了起来：“你把猴面包树画得有点儿像卷心菜。”

“喔！”亏我还对我画的猴面包树那么满意！

“你画的狐狸，那耳朵，有点像角哎！而且也太长了吧？”

说着他又笑了起来。

“这么说可不公平啊，小家伙，除了画蟒蛇，我什么也没画过呀。”

“哦！画得也行啦，”小王子说，“孩子们能看懂的。”

我拿铅笔给羊画了个口罩。我把画递给他的时候，我的心情很沉重：“你到底有什么事瞒着我？”

他没有回应，却这样说道：“你知道吗？明天，我来地球一周年了。”他顿了一下，说道，“我当时就落在这儿附近。”

他的脸红了起来。

我再一次莫名其妙地感伤起来。突然我想起一个问题。

“看来八天前的早上，我遇到你不是偶然的了？你在这远离人烟的沙漠里行走，就是为了回到你降落的地方？”

小王子的脸又红了。

我犹豫着又加上一句：“也许，是因为一周年到了吧！”

小王子的脸又红了。他从来不回答别人的问题，但是人脸红不就是默认的意思吗？

“天啊！我有点害怕了。”我对他说道。

他安慰我道：“好啦，你现在得去干活了。你得去看看你的发动机。我就在这儿等你。明天傍晚再来找我吧。”

Chapter 18

小王子离开地球

水井的附近有半堵石墙。第二天傍晚，我做完事情回来找小王子，远远地看到他坐在石墙上，晃着小腿。我听到他说："你不记得了吗？不是这里！"

肯定有个声音回答了他，因为过了一会他又说："对，没错！日子是对的，但不是这个地方。"

我往石墙走去，却没看到人影，也没有听到人声。不过小王子又说话了："当然……到时你会看到我在沙地上留的脚印。就在那儿等我吧。我今晚过去。"

我离那石墙大概只有二十米，却还是什么都没看到。沉默了一会儿之后，小王子说道："你的毒液好用吗？你保证不会让我痛苦很久吧？"

我停下脚步，心里一阵刺痛，可我还是理解不了。

"你现在就走吧！"他说，"我要下来啦！"

我听到这话，往墙角一看，我惊得跳了起来！那里有条黄色的毒蛇，正仰头冲着小王子。我一边伸手去掏我口袋里的左轮手枪，一边向小王子跑去。那条蛇听到了我的动静，像落地的水柱一样趴下身子，不慌

不忙地游进了沙子里，只发出了轻微的金属摩擦声，消失在石缝里。

我冲到墙边，正好伸手接住了小王子。他脸色苍白，像雪一样。

“怎么回事？”我问道，“你为什么跟蛇说话？”我把他一直系着的金色围巾解开了，用水润湿了他的太阳穴，给他喂了一点水。现在我不敢再多问他了。他凝重地看着我，用胳膊抱住我的脖子。我能感觉到他的心跳很微弱，就像一只中枪后垂死挣扎的小鸟儿。

他对我说道：“你终于修好了引擎，我真为你高兴。现在你可以回家去了。”

“你怎么知道的？”

我正想告诉他，我已经克服各种困难，把飞机修好了！

他没有回答我的问题，却轻声说道：“我今天也要回家了。”

带着一丝伤感，他说道：“我的家太远了，回家好难好难。”

我察觉到有些不寻常的事情就要发生。我像抱着小孩似的把他紧紧抱在怀里，我觉得，他现在正向深渊滑去，而我却无能为力。

他的眼神很凝重，望向远方，不知他在看什么。

“我有你给的小绵羊。我还有装小绵羊的箱子。我还有个口罩……”

他苦笑了一下。

我等了好一会儿，我能感觉到他的身体一点点暖了起来。

“我的小家伙，你害怕了。”

他当然会怕！但是他却轻声地笑了。

“今天傍晚，我会更怕！”

我知道我要永远失去他了，这想法再一次使我难过得无法自拔。我以后再也听不见他的笑声了，哪怕就是这样一想，心里就已经痛得受不了了。他的笑声对我来说就是沙漠中的一泉清水。

“小王子，我想再听听你的笑声。”

但是他对我说道：“今晚就满一周年了，我的星球会出现在去年我降落的地方。”

“小王子，”我说道，“蛇、约会和星星的故事都只是一场噩梦对不对？”

但他没有回答我的问题。他对我说：“最重要的东西是看不见的。”

“当然……”

“就好比花儿那样，如果你爱着的花儿正好就在某个星星上，那当夜晚来临，仰望星空的时候，你会感到甜蜜。仿佛所有的星星都开满了鲜花。”

“当然……”

“就像那泉水。正是因为辘轳和井绳，你给我喝的水就像音乐一样美妙。你还记得吗？甜蜜极了。”

“当然……”

“到了晚上，你可以望一望星星。我住的星球实在是太小了，没办法指给你看，不过这样也好，这样一来，所有的星星就都一样了，都有可能是我居住的那一颗。你会爱上看星星的，它们都会成为你的朋友。我还有一件礼物要给你。”

他又笑了。

“啊！小王子，我亲爱的小王子，我爱极了你的笑声！”

“这就是我的礼物，就像泉水一样。”

“你在说什么？”

“一千个人心目中就有一千颗星星。对旅行者来说，它们是指路的向导；对有些人来说，它们只是亮光；对学者来说，它们是研究课题；对我遇到的那个商人来说，它们是财富。不过相同的是，对所有人来

说，星星是沉默的。可是现在，对你来说，仅仅对你，是不一样的。”

“什么意思？”

“当你在夜晚仰望天空的时候，你知道我就住在其中的一颗星星之上，我就在其中一颗星星上开心地笑着。那么，对你而言，所有的星星就都是在笑着啦。你，只有你，拥有会笑的星星！”

说着，他又笑了起来。

“等你不再那么难过的时候，你会觉得认识我是件很开心的事情。你会想永远和我做朋友，你会想和我一起开怀大笑。你会在夜晚一次次地推开窗户，为了开心地笑一次，你望着天空发笑，说不定会吓到你的朋友。你会对他们说，‘没错，我看到星星就想笑。’他们或许会觉得你疯了。这样我就让你上当了。”

他又一次笑了起来。

“好像我送给你的不是星星，而是满天会笑的铃铛。”

他又笑了，可是马上又恢复了严肃：“今天晚上，你知道的，你别来。”

“我不会离开你的。”

“我到时候看起来会很痛苦。就好像要死掉一样。差不多，就那样。别过来，我不想让你看到，真的没必要。”

“我不会离开你的。”

他很担心，说道：“我告诉你这个，其实，是因为那条蛇。千万别让它咬到你，蛇很坏，它说不定只是为了好玩儿就咬你一口。”

“我不会离开你的。”

他转念一想，便不再这么担心了：“还好，蛇咬过第一口之后毒液就用完了。”

那个晚上我没有看见他动身。他悄悄地走了，一点动静都没有。我赶上他的时候，他走得很快，步子十

分坚决。

他看到我，只是说了一句：“哦！你来了。”

他牵起了我的手，可依旧是忧心忡忡的：“你不应该过来的，你会难过的。我到时候看起来就像是死掉了一样，但那不是真的……”

我什么都没说。

“你一定要理解我。我的家太远了，我没办法带着这个躯壳回去，太沉了。”

我仍旧没有说话。

“它就像被抛弃的老旧树皮。不要为了老旧树皮而伤心……”

我什么都没说。

他有些泄气，但是仍做了最后的努力。

“这会是很美好的事情，你懂的。我也会抬头看星星，所有的星星都会变成水井和生锈的辘轳，所有的星星都会倒水给我喝。”

我什么都没说。

“那多好玩啊！你将会拥有五亿个小铃铛，而我就会拥有五亿口水井。”

他也什么都不说了，因为他在哭。

“就到这儿吧。让我一个人走吧。”

他坐了下来，他在害怕。

过了一会，他说道：“你知道的，我的花儿，我要对她负责的。她是那么脆弱，那么容易相信别人。面对这个世界，能够保护她的就只有那四根小刺。”

我也坐了下来，因为我再也站不住了。

他说道：“就这样吧，就这样了。”

他犹豫了一会儿，然后站了起来。他迈出最后一步，而我没动。

只见一道黄色的闪电从他脚边掠过。他一动不动地站了一会儿，没有发出任何声音。他慢慢地倒下，就像树倒下一样。他一点声音都没出，因为声音被沙子吸收了。

想念小王子

我相信小王子回到了自己的小星球上，因为天亮的时候，我没有找到他的尸体。其实他的身体不是很重。

我从撒哈拉沙漠回来了，朋友们看到我还活着都很高兴。我却很悲痛，但我却对他们说：“这是累出来的……”

如今，六年过去了，我从未提起这个故事。

现在我的悲伤平息了一些。也就是说，心里的伤还没有完全长好。我喜欢在夜晚聆听星星的笑声，它们就像是五亿个小铃铛。

不过有一件事很让我担忧。我给小王子画口罩的时候忘记画上皮带了，他没办法把口罩套在小绵羊的嘴上。所以我总在想：“小绵羊会不会已经吃掉了他的花儿呢？”

我一次又一次地对自己说：“肯定不会！小王子每晚都会仔细地给花儿盖上玻璃罩，他也一定会好好看管小绵羊的。”这样一想：心里就轻松多了。于是这满天星星也温柔地笑了起来。

但是我又想："人难免会分心，哪怕就大意了一次。他要是哪天忘记了罩玻璃罩，或者说小绵羊在晚上悄悄地溜了出来……"这样一想，满天的小铃铛就都变成了眼泪……

这可真是我永远都不会知道答案的谜团了。和我一样爱着小王子的你们啊，对你们来说，这个宇宙再也不会是一样的了。你们懂的，在这宇宙某处，某个大家都不知道的地方，有一只我们看不见的小绵羊，它到底有没有吃掉了那朵花儿呢?

看看天空，问问自己：小绵羊是不是已经把花儿吃掉了呢，是不是呢？你就会发现，一切都大不相同了。

没有大人明白这个问题有多么重要!

这是我见过的全世界最美丽也最悲伤的地方了。就是在这儿，小王子降落到地球上，也是在这儿，小王子离开了地球。

请细细地看吧，把它的样子深深刻进脑海里。因为将来你也许去非洲的沙漠旅行。如果你碰巧路过这里，我求求你，别走得太快。请在那颗星星下面，稍微等一等。要是有一个孩子向你走来，要是他笑出声来，要是他有着金色的卷发，要是他拒绝回答你的问题，你一定能猜出来他是谁。到时请你帮我个忙！赶快写信给我，告诉我小王子回来了……